झील कहती है

छंदमुक्त गीतों का संग्रह

पूर्णिमा वर्मन

BookLeaf Publishing
India | USA | UK

Made with ❤ on the BookLeaf Publishing Platform
www.bookleafpub.in
www.bookleafpub.com

Dedication

उस झील के नाम

जो निरंतर बहा करती है मुझमें

Preface

मेरी बात

साहित्य की दुनिया में अक्सर विमर्शों और प्रतिमानों की चर्चा होती है। कभी-कभी लगता है कि कविता को कुछ खास ढाँचों या 'भारी-भरकम' विषयों में बाँधने की कोशिश चल रही है, लेकिन एक रचनाकार के रूप में मेरा अनुभव कुछ अतरंगा रहा है।

.

तीन दशकों तक अपने देश से दूर, एक अलग परिवेश (इमारात) में रहते हुए मेरी संवेदनाओं के केंद्र बदल गए। जहाँ दुनिया शोर, विमर्श और संघर्षों की परिभाषाएँ तय कर रही थी, वहाँ मैं अपने भीतर के 'एकांत', प्रकृति के 'मौन' और स्मृतियों के 'ठिकानों' से संवाद कर रही थी। बहुतों के लिए ये विषय 'हवा-हवाई' हो सकते हैं, पर मेरे लिए यही जीवन का सबसे ठोस यथार्थ हैं।

.

इस संग्रह की कविताएँ 'छंदमुक्त गीत' हैं। यह एक सचेत प्रयोग है– एक ऐसी कोशिश जहाँ शब्दों को छंदों की बेड़ियों से मुक्त रखा गया है, ताकि वे अपनी सहज लय पा सकें, लेकिन उनकी आत्मा पूरी तरह 'गीत' की है। यह वैसा ही है जैसे सात समंदर पार रहकर भी मन का पूरी तरह 'देसी' बने रहना।

.

'झील' आपसे बात करती है और बताती है कि हम तो मुसाफिर हैं, वह शाश्वत है। यहाँ 'घर' केवल ईंट-पत्थर नहीं, बल्कि वह साथी है जो हमारे लौटने की प्रतीक्षा में सो जाता है। इन कविताओं में प्रकृति केवल पृष्ठभूमि नहीं है, बल्कि एक जीवित पात्र है जो मेरे साथ की

गवाह रही। यह संग्रह स्थान, स्मृति, ऋतु और समय की आवारा मुसाफिरी है।

.

ये रचनाएँ मेरी उन यात्राओं का सारांश हैं जहाँ मैं निरंतर दो ठिकानों के बीच आवाजाही करती रही। इसमें आप झील, गली, घर, शहर, सागर, खिड़की, चाय, मौसम, एकांत और चौराहों से गुजरेंगे। उम्मीद है कि इन शब्दों के माध्यम से आप भी अपनी उस झील, उस 'घर' और उस 'एकांत' से मिल पाएँगे, जो कहीं न कहीं हम सबके भीतर सुरक्षित है।

.

पूर्णिमा वर्मन
दुबई

Acknowledgements

अभिस्वीकृति

इस काव्य संग्रह की यात्रा मात्र शब्दों का संचयन नहीं, बल्कि उन सभी लोगों का आशीर्वाद और सहयोग है जो मेरे जीवन के अभिन्न अंग रहे हैं।

सबसे पहले, मैं ईश्वर की आभारी हूँ, जिनकी कृपा से इन भावों को शब्दों का रूप मिला। मैं अपने माता-पिता एवं परिवार के प्रति कृतज्ञता व्यक्त करती हूँ, जिन्होंने हमेशा मेरे सृजनात्मक प्रयासों को सराहा और मुझे आगे बढ़ने का संबल दिया।

मैं बुकलीफ पब्लिशिंग की पूरी टीम को धन्यवाद देना चाहती हूँ, जिन्होंने मेरी कविताओं पर विश्वास जताया और इस पुस्तक को इतने सुंदर रूप में पाठकों तक पहुँचाने में पेशेवर सहयोग प्रदान किया।

विशेष रूप से, मैं उन सभी मित्रों और शुभचिंतकों का आभार मानती हूँ जिन्होंने समय-समय पर मेरी कविताओं को पढ़ा और अपने बहुमूल्य सुझाव दिए। मेरे उन सभी पाठकों का आभार, जिनके प्रेम ने मुझे निरंतर लिखने की प्रेरणा दी है।

अंत में, मेरी लेखनी को विस्तार देने वाले उन सभी ज्ञात-अज्ञात प्रेरणास्रोतों का आभार, जो मेरी कविताओं के बीच कहीं न कहीं जीवित हैं।

.

पूर्णिमा वर्मन

दिनांक: 1 जनवरी 2026

1. झील कहती है

झील कहती है
सदा से मैं यहाँ हूँ
तुम ही आते
और जाते हो निरंतर

इस शहर की गोद में ठहरी हुई हूँ
शांत प्राकृत भाव से गहरी हुई हूँ
दूर पर्वत शृंखलाओं ने
मुझे धारण किया है
वनस्पति की मेखलाओं ने
असाधारण किया है
साथ की अट्टालिकाएँ
हैं तिरा करती मुझीमें
पत्तियाँ भी शाख से
अक्सर गिरा करती हैं मुझमें

टिमटिमाती जिन्दगी से
जगमगाता एक शहर है
जिन्दगानी में भी
वीराने का कुछ थोड़ा बसर है

यों तो सबके सिलसिले हैं अलग अपने
पर सिरे अब भी कहीं पर एक ही हैं
दूर जाते रास्ते भी घूम कर के

लौटते फिर से यहीं हैं
औ' तुम्हारा क्या
कि तुम किस रोज़ चल दो
क्या पता किस मोड़ पर रस्ता बदल दो
हो सके तो इस तरह आते ही रहना
फिर न कहना छोड़ कर सब साथ चल दो

झील कहती है – सदा से मैं यहाँ हूँ
और जब भी आओगे
ऐसा ही पाओगे मुझे तुम

2. छूटा हुआ घर

छूटता जाता है घर
फिर भी
वो हमारी याद में है

.

बिछुड़कर फिर से मिले
तब-
कुछ उदासी
कुछ खुशी में
देख कर लगता है ऐसा
हम भी उसकी याद में हैं

.

फिर गले लग जाएगा
वो हम से मिलकर
साँस में मिल जाएगा वो
हम से मिलकर
फिर पुराने फूल जो मुरझा गए थे
खिलखिलाकर जाग जाएँगे
उनींदे आलसों से

.

लैंप वो,
जो सो गए थे राह तकते
जगमगाएँगे रुपहली रौशनी से

.

हर सुबह फिर प्रार्थनाएँ

घर गुँजाएँगी
घास पर फिर रौनकें सजने लगेंगी
और फाटक पर खड़ी हो जाएँगी
कुछ गाड़ियाँ

.

जान जाएँगे सभी
इस घर के वासी लौट आए हैं
और सारी हलचलें जारी रहेंगी
जब तलक हम लौटकर जाते नहीं हैं

.

बस वही आना औ जाना
और फिर से लौट आना
यात्राओं के क्रमों में
दो ठिकाने

हम कहीं भी हों
जिसे हम छोड़ आते हैं
हमें वो याद आता है
उसे हम याद आते हैं

3. एक सुबह गली में

एक छोटा शहर
और उगता दिन
गली में
धुंध छँटने का समय है
किरन छज्जों से फिसलती है सड़क पर
चित्र खिलने लग गए हैं रंग वाले
और आहट चल पड़ी कुछ राग दिन के छेड़ने को
ले रहा अँगड़ाइयाँ हर इक
गली में

.

जाग लेती चहल-पहलें
एक मौसी एक चाची
हाथ थामें चल पड़ी हैं
एक टेम्पो,
एक बकरी, एक वर्दी, एक लारी
सब कहीं जाने लगे हैं
हाँ कुछेक वाहन अभी सुस्ता रहे हैं
औ अभी विश्राम में हैं लोग आधे
आओ बैठो
चाय गुमटी में नया अखबार पढ़ लो
गले को ताजा करो
ये मसाला चाय है, पी लो
फिर कहाँ विश्राम होगा
इस गली में?

.

जरा ठहरो
कुछ समय में
भीड़ उमड़ेगी सड़क पर
सुबह का सुंदर सुनहरा रंग
गुमने लग चलेगा
धूल दौड़ेगी यहाँ पर
औ बगूले शोर के उठने लगेंगे
और हम भी चल पड़ेंगे काम पर अपने
ये निरालापन कहाँ होगा
गली में?

4. बारिशों में शहर

शहर में फिर बारिशें हैं
रुक नहीं सकता है दिन पर
चल पड़े सब

आसमानों में अँधेरा
औ सड़क पर लाइटें हैं
समय है दिन का मगर
आभास देता रात का है
बारिशों ने थाम रक्खी गति
शहर पर कब थमा है

बारिशों के नियम है
उनको समय से बरसना है
शहर की जिद है
कि उसको सुबह उठकर दौड़ना है

बारिशों में भीगना है
अब नहीं उसको पता है

धुँध है, परछाइयाँ हैं कौन देखे
हवा की शहनाइयाँ हैं कौन जाने
बंद कारों में सभी के राग अपने
चल पड़े सब

5. सागर तट पर सूर्योदय

सूर्य सागर में नहाकर
तट पे आया है

चमचमाती तरल किरणें
रूप का सोना बिखेरें
फिर समंदर
दूर तक लेता हिलोरें
ताड़ झुकते हैं किनारों पर
नमन कर इस सुबह का
परसने को चरण सागर के

कनक-सा उजियार फैला
लहक कर बहती हवाएँ
सूर्य सागर में नहाकर
तट पे आया है

और अँधियारा चपल बच्चा
मचलता है
लौटना घर को नहीं है
कभी चढ़ता पेड़ पर तो कभी
लहरों पर बिछलता है
अभी कुछ और खेलूँगा यहाँ पर
कभी रुकता कभी चलता
कभी लुकता, कभी छुपता

माँ रात्रि से अड़ता
मगर सूरज से डरता है

चलो अब पकड़ लो उँगली
अभी विश्राम लेंगे हम
अभी दिन ने नया उपक्रम सजाया है
सूर्य सागर में नहाकर
तट पे आया है

6. ठंडी दुपहरी

सर्दियों का आगमन
पहला चरण है
यह दुपहरी
और मीठी धूप
खिड़की से उतर कर आ गई है

शर्बती इस चाय वाले अर्क में
नीबू मिलाकर
दिन सुनहरा रंग रही है
शोध का
अंतिम चरण है
अक्षरों में घने डूबे इस पढ़ाकू मन से पूछो
स्वाद क्या है चाय का और
रंग क्या इस धूप का है

धीरे-धीरे उतरती है यह नसों में
तारती है दर्द दिल के
हर थकन को सेंकती है
उँगलियों में
गुनगुनाती
अंजली में पैठती है
बर्फ के सागर में डूबे ठिठुरते इस मन से पूछो
स्वाद क्या है चाय का और
रंग क्या इस धूप का है

7. नींद का झोंका

ओह!
फिर यह नींद का झोंका
कि जैसे बरस बीते चैन से सोए हुए

ये बेचारा
गूँजकर
सारी दिशाओं से
पलटता है
उठाकर बोझ दिनभर का
ये गठरी भर थकानों को
खाट पर
ला पटकता है
मद्धम दीप के जैसा सुलगता
साँस लेता है ये झोंका
नींद का
हर बार छलता है
कि जैसे बरस बीते चैन से सोए हुए

छलकता है छतों से
मगर घर के
हर इक तूफान से डरता
कि बस चुपचाप आँखों में उमड़ता
थामता हाथों से बढ़कर सिर उनींदा
गुजरता पीठ से

गर्दन पे चलकर झूल जाता
नींद का झोंका
बाँह पर
इस तरह
करवट बदलता है
कि जैसे बरस बीते चैन से सोए हुए

8. बारिश बारिश नभ

उतर रही थी शाम पहाड़ों से
बादल की बाहों में बाहें डाले
खिली-खिली-सी

साथ-साथ थे झरने
उसके बहुरंगी शुभ वस्त्र सँभाले
धीरे-धीरे
आसमान से
धरती पर पग रखते
अपने श्वेत दुकूलों में
झर-झर लहराते

रंग घनेरे
हँसी बिखेरे
फूल बिछे थे राहों में

हरी वसुंधरा गले मिली थी
आसमान से
लंबी तनहाई टूटी थी
बारिश बारिश नभ रोया था
धरती शबनम शबनम भीगी थी

9. एक खाली दिन

जगमगाहट में घुली संध्या
शाम में खोते हुए कुछ पोत

दूर इससे
एक खाली दिन
बेंच पर
शाम का छँटता उजाला
बंद होती गुमटियों की
शांत आहट
लौटते सैलानियों की आस में
कुछ रुकी कारें
और जाती धूप-सा
एक पल विश्राम का
ठहरा हुआ

उस पुराने
श्रम भरे इतिहास को जीता हुआ
जो टँक रहा है इक शिला पर
कँपकँपाती उँगलियों से
थरथराते दर्द को छूता हुआ

(काडन वाटर फ्रंट और आप्रवासी घाट मारिशस,
के बीच एक स्थान पर रखी बेंच पर शाम के समय)

10. नील मणियों सा चमकता दिन

अहा यह शीतऋतु का
नील मणियों सा
चमकता दिन

हवा-
उच्छृंखल तटों से खेलती-सी
और सन्नाटा-
मँजीरे पीटता है पत्तियों के
छेड़ता सारंगियाँ ये मुदित सागर

चपल लहरें-
बह रहीं आरोह में अवरोह में
कोई मद्धम बुन रहा है
धुन बड़े खय्याल की मीठी

यहाँ सबकुछ
सजा है ऐसे कि जैसे
जो गए उठकर यहाँ से
जल्द लौटेंगे
और
उनके लौटते ही वे पुराने पल खुशी के
लौट आएँगे
पुनः हम मुसकुराएँगे

12. गाँव में अलाव

पहली-पहली बर्फ गिरी है
नदी किनारे
सर्दी की तरुणाई दरवाजे आई है

धुआँ-धुआँ सी भीग रही है
सुरमई संध्या
आसमान से पिघल रहा है
मद्धम कोहरा
थमा थमा सा
लगता है यह गाँव
चलो जलाएँ
गरमा गरम अलाव

थोड़ी गरमाहट इन हाथों में आने दें
दिल के द्वार सुनें कोई
हल्की सी आहट
चुप में भी कोई बतलाहट

हम बैठें औ' तुम भी बैठो
एक केतली चाय चढ़ा दें
केसर के कुछ कतरें डालें
रंग निखारें
कुटे पिसे कुछ गरम मसाले
जो इस मौसम को महका दें

और उबलने की ध्वनि
इस आलस को काटे

गरम चाय के
दो प्याले हों साथ हमारे
देर रात तक जगें
तापते बातें करते
बीते किस्सों को दोहराते
यादों के थुलमे को ओढ़े

तिरती रही
सपनों बुनी पाल की नाव
जलता रहा बहुत देर तक
धीमी धीमी लपटों वाला
एक अलाव

12. नये साल का जादू

बाजारों में
छाया है नव वर्ष
सजावटों में झिलमिलाता
झूल रहा है
गुब्बारों के गुच्छों में चमक रहा है
खरीदारी में व्यस्त
लोगों की आँखों में खुशी बनकर
उमंग बनकर बच्चों की किलकारियों में

छुट्टियों के दिन
और, गहमागहमी में बिखर रहा है नव वर्ष
अभिनंदन पत्रों की दूकानों पर
रेस्त्रां की गरमाहट में
काँच की खनक में
उबलते हुए कहवे के झाग पर

मीडिया की पुकारों में
विज्ञापनों अखबारों में
फोन पर संदेशों में
फेसबुक और इंस्टा के
रसमय उपदेशों में
सब कहीं
बिखरा हुआ है रंग, सजे हुए हैं शब्द

गीतों में, ड्रामों में
बहसों में दावों में
फिल्मी सितारों की मधुरतम आवाजों में
टी वी पर ठुमकता हुआ
अजब जादू है
दुनिया पर धीरे धीरे गहराता हुआ

जादू- फिर भी
सबको समेट नहीं पाता बाहों में
छिटक ही जाते हैं अँधेरों में कुछ लोग
अकेलेपन, निराशा, बीमारी, भूख और नींद से बेहाल
उत्सवों से बेखबर
कोई सुगबुगाहट नही गरमाती उनका जीवन
कुछ भी नया नहीं होता नए साल में
उनके लिये

13. राग देश

हवाओं में
फिर गुनगुनाया है मौसम
बहका है वसंत की खुशबू से
हौले हौले बिखरा है शहर में
फूलों की क्यारी में
सागर में
नहर में

रगों में हलचल-सी है
आरतियाँ गुजर रही हैं नसों से
धमनियों में बज रहे हैं मँजीरे
साँसों से गुजर रहे हैं ढोल
सड़कों पर उफन रही है भीड़

घरों में बस गया है चैत्र
मन में रच रहा है उत्सव कोई
जन्म ले रही है
राग देश की नई गत
तुम प्रवासी नहीं हो मन

14. ट्रंकेबार

जलपरी के
देश की इस राजधानी
में बसा इक शांत कोना
ट्रंकेबार

एक खिड़की धूप झरती
दालचीनी से बसी वह चाय
क्या खुशबू बिखरती !
बतकही में रंग
रंगों में बसी खुशियाँ निखरतीं
कलाकृतियों से सुसज्जित
दूधिया रोगन सजी दीवार
ट्रंकेबार

खिड़कियों पर आ सजे कुछ फूल
उनकी खुशनुमा मुस्कान भी है
कुछ नई ताज़ा हवाएँ
बढ़ रही पहचान-सी हैं
द्वार पर लंबा गलीचा
बिछा स्वागत में
बढ़ाता नेह का विस्तार
ट्रंकेबार

लोग जो

साहित्य संस्कृति से जुड़े हैं
भिन्न भाषाओं के पुल को बाँधते हैं
इस बड़ी दुनिया का सागर
शब्द थामे लाँघते हैं
जम रही हैं महफ़िलें
पिघलती कविताओं डूबे पल-
खुशी का छत तलक गुंजार
ट्रंकेबार

(कोपेनहैगन के एक सांस्कृतिक कैफे से
जहाँ कविता पाठ की एक सुंदर शाम बीती)

15. मधुमास

गुलमोहर में
अभी अभी फूटी हैं सिंदूरी कोपलें
बुगनविला झूमकर
मिल रही गले

श्वेत पंखुरियाँ सजी
दीवार दिखती
रूप का उपकार
झूलते गुच्छों के नीचे
आ रुकी है एक नीली कार

धूप में
आकार लेने लग गये है
कुछ सपन नटखट वसंती
और गढ़ने लग गयीं मधुमक्खियाँ
शहद के आगार

कोयल
कुहुकती है
बोल मीठे फिर हवाओं में
हम उसे दोहरा रहे
छत पर खड़े हर बार
बारंबार

दिवस
फिर रचने लगा मधु मास
उत्सव-उत्सवों में
रच गयी है धरा
गुनगुने घर और आँगन
सज गए हैं
लौट आया है वसंती प्यार

16. चैत्र की पहली रात

मखमली रजाई तहाकर
अभी अभी बाहर आई है
मौसम की पहली रात
करती हुई
चैत्र का पहला स्नान
ओस की बूँदों से

झरते है धीमे
खजूर के पेड़ों से
सफ़ेद बारीक फूल
सर् सर् सर्
पृथ्वी की श्यामलता पर
रचते रंगोली

आसमान डूबा है
घनी सुनहरी रोशनी में
तारे दिखाई नहीं देते
गाड़ियाँ लिपटी हैं सड़कों से
आया
घर लौटने का समय
रात गहराने लगी है

17. आज दिन

आज दिन
फिर ठंडा था
सागर तट पर सजी सजाई
चमकी दमकी नन्हीं-नन्हीं दूकानों में
धंधा कुछ मंदा था

सैलानी जत्थों की कोई भीड़ नहीं थी
मछुआरों को भी दिन से उम्मीद नहीं थी
सर्द हवा के झोंके पन्नों से उड़ते थे
नए-नए अनुबंधों छंदों
को बुनते थे

हल्की–हल्की बौछारों में मन खोया था
शोर भरी इस नगरी में
सब कुछ सोया था

चलो कीमती इस दिन को बटुए में रख लें
पढ़ा करेंगे फिर फुर्सत में
धीरे-धीरे...

(संयुक्त अरब इमारात में शारजाह के सागर तट से)

18. उदासियों के पत्ते

फिर हरे कर दिये वसंत ने
उदासियों के पत्ते

पीली धूप खिंची खिंची सी
खड़ी रही देहरी पर
भीतर आए तो कैसे
लगे भौंकने आँगन में
एकाकीपन के कुत्ते

सूरज के सात घोड़ों वाला रथ
आया ही नहीं
अभी तलक सोया है सारथी
मुँह ढक कर
घरवाली उषा की उनींदी आँखें
न जगाती हैं सारथी को
न देखती हैं देहरी पर
कैसे होगी सुबह?

अरे, कोई है? कोई है?
बाहर से चिल्लाता है वसंत
लॉन में खिलखिलाती है पीली सरसों
अब यहाँ कोई नहीं
कहीं और चले गये
खुशियों के जत्थे

आज न फूल हैं न तितलियाँ न पतंगे
न रंग न झरने न गीत
चिड़ियां भी तो आती नहीं
कभी हमीं फूल थे हम ही तितली
हमीं पतंगें, रंग और झरने
हमीं गुनगुनाते थे चिड़ियों से यहाँ-वहाँ

अब तो सिर्फ
दिन बीतते हैं
धीरे धीरे
चुपचाप खिड़की में से
हिला हिला कर हाथ
बुलाता है अमलतास
चुप हैं दीवारों पर टेसू के ठप्पे
फिर हरे कर दिये वसंत ने
उदासियों के पत्ते

19. आवारा वसंत

अबकी साल
वसंत यों ही आवारा घूमा
मेरी तरहा

कमरे से बगिया तक
बगिया से चौके में
चौके की खिड़की से
चमकीली नदिया तक
पटरी पटरी
दूर बहुत शिव की बटिया तक
मेरे ही संग ठोकर-ठोकर रक्त रंगे ढाक के पाँवों
मौसम भी बंजारा घूमा
मेरी तरहा

अबकी साल
वसंत यों ही आवारा घूमा
मेरी तरहा

पटरी से पर्वत तक
पर्वत से मंदिर में
अष्टभुजा घाटी से
संतों की कुटिया तक
सीढ़ी-सीढ़ी
धुआँ-धुआँ सीली आँखों में

पथ पर खुदे हुए नामों से मन के मिटे हुए नामों तक
हर इक पल रतनारा घूमा
मेरी तरहा

अबकी साल
वसंत यों ही आवारा घूमा
मेरी तरहा

20. शिक्षा प्रांगण से

तुम कहो या ना कहो दीवार कहती है
कि शिक्षा प्रांगण में कल की दुनिया की नई
तस्वीर रहती है

ये खिड़की खोलती है
द्वार जग में सफलताओं के
पर्दे झिलमिलाते हैं उमंगों की हवाओं से

कुछ हरियल पेड़
जगमग झिलमिलाते धूप में धुलकर
कि सपने ले रहे
आकार खुद से जूझकर खिलकर
हवा उपलब्धियों की जल्द भर देगी ये खालीपन
जो मन में गूँजता है इक नया
विश्वास-सा बन कर

तुम कहो या ना कहो हर साँस कहती है
कि शिक्षा प्रांगण में कल की दुनिया की नई
तस्वीर रहती है

(यह कविता मैंने एल्ते विश्वविद्यालय, बुडापेस्ट, हंगरी के भारतीय विद्या विभाग से गुजरते हुए लिखी थी, लेकिन यह मेरे छोटे से गुलमुहर ग्रीन स्कूल के साथ भी समान घनिष्ठता से जुड़ती है।)

21. कैमरे में कैद होली

कैमरे में रंग था
या रंग में था कैमरा
यह पता करना कठिन था
झर रहे थे रंग हाथों से
या बस रहे थे हाथ रंगों में
रंग का त्यौहार था
या
हार में गूँथे हुए थे रंग
देखकर भी जान पाना
उस समय मुमकिन नहीं था

कोई हीरामन कहीं अंदर बसा था
कोई हरियल सुआ हाथों पर जमा था
कोई पियरी उड़ रही थी कैमरे में
कोई हल्दी बस रही थी उँगलियों में

रास्तों पर रंग बिखरे थे हवा में
हर कहीं उत्सव की धारें आसमाँ में
खुशबुओं के थाल नजरों से गुजरते
और परदे पार चूड़ी काँच की
बजती खनक सी
इक हँसी...
जाती थी दिल के पार- गहरी
उस हँसी से लिपट पियरी

नाचती थी
उसी हँसी में डूब हीरामन रटा करता था-
होली...

एक पट्टा कैमरे में और वह पट्टा गले में
कैमरे में गले से लटका हुआ वह शहर सारा
कैमरे में कैद होली
होलियों में शहर घूमा
रंग डूबा- कैमरा यों ही आवारा

कैमरे में कैद थी होली कि या फिर
होलियों में कैद था वह कैमरा
कहना कठिन था

22. सुनहरी तस्वीर

सुनहरी होने लगी है
दिन की तस्वीर

शांत पड़ी हैं सुबह की आवाजें
देर तक चहचहाने वाले तोते
खपरैलों में दुबके बैठे हैं
घास पर चुगते गौरैयों के दल
जाने कहाँ चले गए
मुँडेर पर कौवों के खिलंदड़ी झुंड
अब दिखाई नहीं देते

खिड़कियाँ नहीं हिलाते
शैतान झोंके हवा के
पेड़ खड़े हैं चुप
धीमी सनसनाहट
"ए.सी." की
बेचैन-सी है

दोपहर में
मजदूरों की भी
छुट्टी होने लगी है

और इन मधुमक्खियों को देखो
अभी भी लगी हैं काम में

बना रही हैं अपने घर
भर रही हैं मधु के कोष्ठ

कुछ नहीं सताता इन्हें
न मौसम, न धूप, न गर्मी
और भरी है रग रग में
पराकाष्ठा परिश्रम की

(इमारात की एक दोपहर)

23. चौराहा समय का

एक चौराहा
समय का साथ चलता है

दौड़ता दिन भर मगर रहता वहीं है
करवटें लेता मगर सोता नहीं है
साक्षी हर बात का पर
मुख
हमेशा बंद रखता है
रौशनी के साथ मिलकर
रात छलता है

टोकता है
हर किसी को रोकता है
लाल पीली आँख दिखलाता कभी है
भीड़ हो या शांति हो कुछ भी इसे भाता नहीं है
शोर है पर बोलता कुछ भी नहीं है
मस्त
अपनी धुन में ऐंठा
ले खबर अनुशासनों की
जंग लड़ता है

24. गाँव में पीपल

गाँव में पीपल पुराना
आज भी हँसता खड़ा है
दर्द उसने एक भी जाने नहीं
औ हवा के रुख भी पहचाने नहीं
पुरनिया है
जोश में फिर भी अड़ा है

हर किसी को
दूर से पहचान लेता है
सभी को अपनी शरण में आन लेता है
रात दिन जीवन हवा में घोलता है
और अपना बड़प्पन भी कब
किसी से बोलता है
चौपाल में
वह सुघड़ पन्ने सा जड़ा है

झूम जाता है
हवाओं में खुशी के बोझ से वह
चमकता है चाँदनी रातों में जगमग
छाँह देता गर्मियों में
बारिशों में घनी छतरी तान देता है
सभी को सुख के सहज वरदान देता है
काम इसका
सभी मूल्यों से बड़ा है

25. नयी सुबह

नयी सुबह है
रौशनी फूटी है हल्की सी
गुनगुनाने लग गयी सरगम खगों की
और रेशम-सी हवा यों ही उलझती रही ताड़ों से
प्रतीक्षा में उषा की

लो,
खुल गयी गठरी सूरज की
किरन की चादर बिछी हौले
फिर
रौशनी झरने लगी

आसमान धीरे से झाँका मुस्काकर
नरम खुला लॉन का कालीन
और पल भर में बिखर गए शबनम के मोती
आकार लेने लगा शहर

आ गया जादूगर
दिवस का

हलचल में चल चल की ध्वनि बिखरी
सोकर के जाग गए लोग

www.ingramcontent.com/pod-product-compliance
Lightning Source LLC
Chambersburg PA
CBHW070650240926
51846CB00003BA/859
* 9 7 8 9 3 7 5 2 7 1 5 3 6 *